甲骨文老子道德經

王曉巍・編

图书在版编目（CIP）数据
甲骨文老子道德经 / 王晓巍编. -- 北京 : 华龄出版社, 2024.11. -- ISBN 978-7-5169-2916-2
I. B223.15
中国国家版本馆 CIP 数据核字第 2024B1G612 号

责任编辑 梁玉刚　　责任印制 李未圻
责任校对 张春燕

书　名 甲骨文老子道德经　　作　者 王晓巍
出　版
发　行 华龄出版社 HUALING PRESS
社　址 北京市东城区安定门外大街甲 57 号　　邮　编 100011
发　行 （010）58122255　　传　真 （010）84049572
承　印 成都白马印务有限公司
版　次 2024 年 11 月第 1 版　　印　次 2024 年 11 月第 1 次印刷
规　格 787mmx1092mm　　开　本 1/16
印　张 16.75　　字　数 170千字
书　号 ISBN 978-7-5169-2916-2
定　价 81.00元

作者簡介

王曉巍

道號日月山人，崑崙書院院長。崑崙文化和東方智慧踐行者。

致力於傳承弘揚崑崙文化和中華優秀傳統文化。

主要成就：

《梅蘭芳聲腔藝術全考》主編

刀郎《西域情歌》《2002年第一場雪》出品人

主要音樂作品：

《風息》《雪》《雨》《立夏》《彩虹》等。

主要著作：

《經絡養生智慧——人體陰陽新論》

《餐風飲露——像神仙一樣生活》

《蠡經》中文版、俄文版

序

什麽是文化？循理有序，化成天下。

“文”是萬事萬物之“紋理”；“化”體現了“文”潤物細無聲的滲透和影響，根植於獨特群體的血脈之中代代流傳，有著“教形於上，化成於下”的“教化”之意。這個過程，沁潤無聲卻又帶來質的改變，這就是“化”。我們生活的方方面面都是“文化”的示現，每個念頭、每個思想都在“文化”之中。講“文化”的目的，是要把曆代祖先、曆代先賢對於中華曆史長河的文脈傳承於身，示現一個美的、雅的狀態，這是崑崙書院倡導的“文化”表達。

文字，以字載文，以文傳意（真言）。字是用來記錄和傳遞信息、表達思想的符號系統。倉頡造字，“字”乃象物之形、會事之義，使人人都可以學習、掌握並傳承。文字使人類能夠跨越時空交流，保留傳播知識及能信，盡量不衰減原始本意，並在傳承中變得越來越豐富、發展。

崑崙山是萬山之祖，世界文化之源頭；也是中華龍脈之源，是中華民族的精神家園。崑崙文化是上古神話傳説的主線，根植於每個人的內心之中，反應了中華民族的集體記憶和文化基因。崑崙文化是曆史長河中每個人的血液裏、骨髓裏亙古不滅的“道”。以崑崙文化爲源頭的中華優秀傳統文化是中華民族的根脈，孕育了中華文明。有

“河圖”、“洛書”、《易經》、《道德經》、《黃帝內經》等寶貴的智慧；有儒釋道和諸子百家的文化遺產；還有包容開放、不斷創新的文化態度。這種根植於血脈中代代相傳的文化認同，維系和加強了中華民族的凝聚力和向心力，使中華民族長盛不衰，同時也造就了世界文化的精彩紛呈！

崑崙文化的核心理念是“天人合一”，對中華民族的精神產生了深遠的影響。整體性思維的格局、人與自然和諧共生的觀念、執中貫一的行爲準則、陰陽互根互用的方法，尤其是對道德脩養和身心脩煉高標準的追求，與天地精神相往來的理想，都來源於崑崙文化的核心理念“天人合一”與“天人同構”的思想。

崑崙書院傳承中華優秀傳統文化，承接中華根脈崑崙文化的基因，致力於培養文化自信，提升人類生活與生命品質。書院的宗旨是：去宗教化、去神秘化、實脩實證，在書院和社會中脩證踐行。入世踐行有出世之心；出世脩證有入世之行。崑崙書院的目標是培養有覺悟之人、有濟世能力之人，契合於崑崙文化的主線“天人合一”。

上古文化的傳承和延續，靠的是經典傳世和聖賢踐行與教化。絕地天通之後人神分離，崑崙建木殘破不全，聖賢大概率減少。經典或被毀滅或被脩改，不能傳世，看似被刻意打壓，實則爲天道之根不能完整下傳人間。

兩千五百年前，老子遍覽上古盛典遺書，集大成者自是感而遂通。臨西去前完成了承上啓下之經典名著《道德經》。

山人自幼傳承崑崙脩證文化。自二〇一八年開始著手《道德經》的完整呈現與梳理工作，亦與崑崙墟有脩證的大德們討論過老子經典傳世的意義與時空能信作用。

老子經典是崑崙根脈文化的重要部分。但曆史原因使經典很難完整地呈現於世人，導致人們不能完整見到、理解和了意經典。加上曆朝曆代都有僞經，更加迷惑世人的心智。老子之原章亦不得不呈現出了各種版本，特別是漢簡的隸書撰寫，更加衰減了原著文字的能信和法脈。

上古符文本就爲與天地連通所用。甲骨文亦是此用。我於二〇二一年創辦崑崙書院於四川峨眉山以來，隨著傳承和踐行脩證的崑崙學子越來越多，更加深感責任重大，有必要爲後世脩煉者、悟道者以及所有愛好者完成老子當時所著的原貌出版。其中的幾處章節不同於其他版本，有些地方與當今各種版本不同，稍有改動。山人遵循老子當初本意呈現，自然和當今流傳的其他版本有細微差別。加上甲骨文有三百餘字（含重複字）不得，故爾有造者（亦循古迹、六書、大篆參考），有篆者亦有隸者，實爲古體之字無異。用九天時間書寫完成六十四米手卷。經典傳世必有奇迹和崑崙祖師顯化護佑，不贅述爾。

無論學者、道者，每个人均可以借鑒一閱。另加《河上公章句道德經》和參考2022年9月由華齡出版社出版的趙威編《帛書老子德道經》版本附後，與吾所整理之甲骨文版（且帶標點符號、斷句）書法對比借鑒，或可更有益處。崑崙書院版甲骨文書法作品配繁體字以便讀者參照；後面附兩個不同版本按照現代版式，是爲方便大多數讀者閱讀習慣和參照對比崑崙書院版本《道德經》。

對初學者則不建議試圖理解老子要義，可能更顯直觀達慧。斷句爲複現老子語氣、語速與語調，也即“頻率與能量”的複現，才是本人和老子溝通的精要。真正的經典斷句，方能完整呈現作者本意，不同層次亦有不同的理解，故而千差萬別，不足爲論。

山人只願此書能廣傳布化世界，才是老子和作者之願。只要心懷天下，蒼生覺醒之願皆是正願。只要人類生命品質提升之行皆是正行。

山人感恩所有爲此付出出版成行的諸位賢德，助力而不留姓名也是脩行的垂範！

日月山人王曉巍於崑崙書院寓所筆

甲辰處暑後壹日上午

目　録

甲骨文老子道德經

帛書老子德道經

河上公章句道德經

甲骨文老子道德經

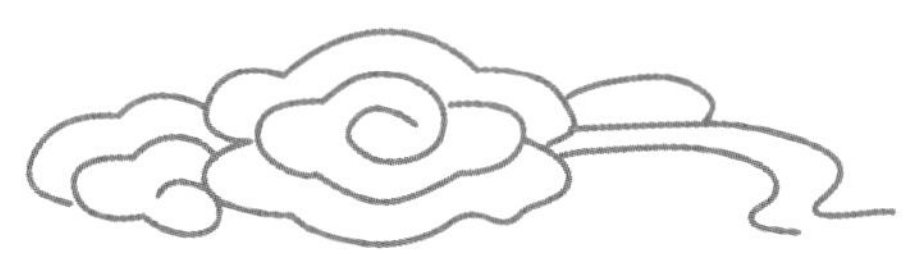

第一章 統道

道可道，非恆道；名可名，非恆名。有，名天地始；無，名萬物母。故常有，欲以觀其妙；常無，欲以觀其曒。此兩者，同出異名，同謂之玄，玄之又玄，眾妙之門。

第二章 要妙

天下皆知美爲美，惡已；皆知善，訾不善矣。有無相生，長短相成，高下相傾，前後相隨，是爲要妙。

第三章 王道

不尚賢，使民不爭；不貴難得之貨，使民不爲盜；不見可欲，使民

不亂。是以聖人之治，虛其心，實其腹，弱其誌，強其骨，恒使民無知，無欲也，使夫知不敢，

弗爲而已，則無不治。

弗爲而已，則無不治。

第四章 道用

道沖而用之，猶弗盈也，潚呵，始萬物之宗。銼其銳，解其紛，和其光，同其塵，湛呵，似或存，吾不知誰之子也，象帝之先。

其塵，湛呵，似或存，吾不知誰之子也，象帝之先。

第五章 用中

天地不仁，以萬物爲芻狗；聖人不仁，以百姓爲芻狗。天地之間，其猶橐籥與？虛而不屈，踵而愈出，多聞數窮，不若守於中乎！

其猶橐籥與？虛而不屈，踵而愈出，多聞數窮，不若守於中乎！

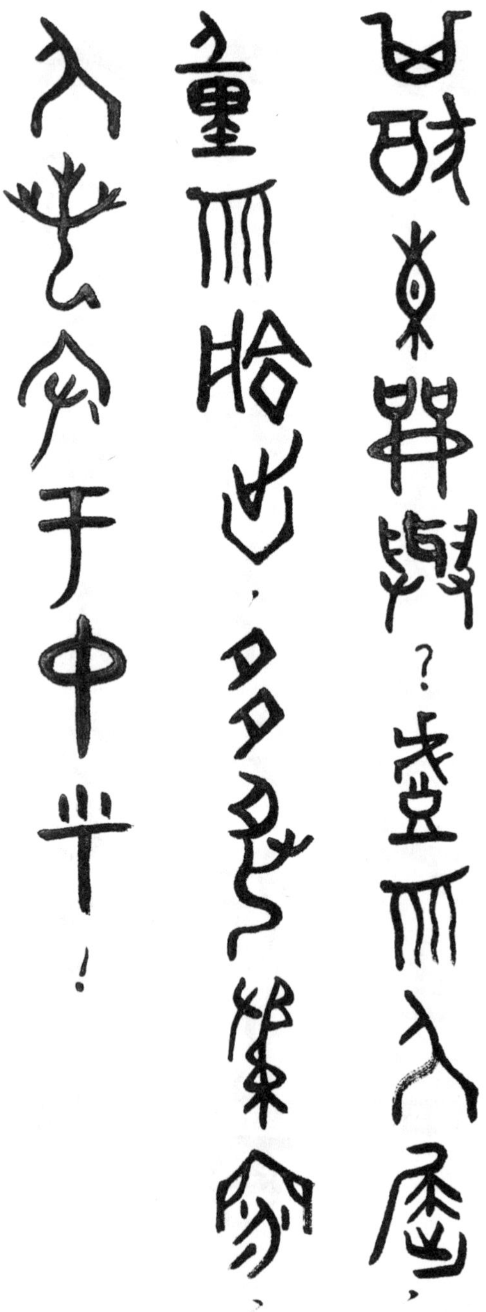

第六章 天地根

穀身不肆，是謂玄牝，玄牝之門，是謂天地之根，綿綿若存，用之不盡。

第七章 無私

天長地久，天地之所以能長且久者，以其不自生，故能長生。是以聖人芮其身而身先，外其身而身存，不以其無私與，故能成其私。

第八章 上善

上善至水，水善利萬物而有靜，居眾人之所惡，故幾於道。居善低，心善潚，語善信，徵善質，事善能，鐘善師，夫惟不爭，故無尤。

第九章 持盈

持而盈之，不若其己，揣而允之，不可常葆，金玉滿室，莫之守，富貴而驕，自遺咎，功述身芮，天之道。

第十章抱一

戴營魄抱一，能毋離乎？摶氣致柔，能嬰兒乎？脩除玄藍，能毋疵乎？愛民

擴國，能毋以執乎？天民啟闔，能爲雌乎？明白四達，能毋以知乎？生之畜之，生而弗有，長而弗宰，是謂玄德。

第十一章 玄中

卅輻同一轂，當其無，有車之用；挻埴爲器，當其無，有埴器之用；鑿戶牖，當其無，有室之用。故有之以爲利，無之以爲用。

第十二章 爲腹

五色令人目明，五音令人耳聰，五味令人口爽。馳聘田獵，使人心發狂，難得之貨，使人行妨。是以聖人之治，爲腹不爲目，故去皮取此。

第十三章 寵辱

人，寵辱若驚，貴大梡若身。何謂寵辱若驚？寵之爲下，得之若驚，失

之若驚，是謂寵辱若驚。何謂貴大梡若身？吾所以有大患者，爲吾有身，及吾無身，有何患？故貴於身爲天下，若可以迈天下，受於身爲天下，安可以寄天下。

第十四章 道紀

視之弗見，名曰微；聽之弗聞，名曰希；捪之弗得，名曰夷。三者不可至計，故

捆而爲一，一者，其上不攸，其下不忽，尋尋不可名，復歸於無爲。是謂無狀之狀，無物之象，是謂忽望，隨而不見其後，迎而不見其首。執今之道，以禦今之有，以知古始，是謂道紀。

第十五章 不盈

故善爲道者，微妙玄達，深不可誌。夫唯不可誌，故強爲之容。豫呵！

其若冬涉水；猶呵！其若畏四鄰；儼呵！其若客；渙呵！其若淩澤；沌呵！其若樸；渾呵！其若濁；曠

呵！其若穀。濁而靜之徐清，如以重之徐生。保此道不欲盈，夫唯不欲盈，是以能敝而不成。

第十六章 歸根

至虛，極也；守靜，表也。萬物旁作，吾以觀其復；萬物云云，各復

歸於其根。曰靜，靜是謂復命。復命常也，知常明也，不知常，荒荒作兇。知常容，容乃公，公乃王，王乃天，天乃道，道乃久。沕身不殆。

第十七章 知有

太上，下知有之；其次，親譽之；其次，畏之；其下，母之。信不足，安有不信？猶呵！

其貴言。成功遂事，而百姓謂我自調。

第十八章 安有大道廢，安有仁義？知寬出，安有大僞？六親不和，安有畜慈？邦家昏亂，安有貞臣？

第十九章 素樸

絕聖棄智，民利百輩；絕仁棄義，民復畜慈；絕巧棄利，盜賊無有。此三言，

以爲文未足，故令之有所屬；見素抱樸，少私寡欲，絕學無憂。

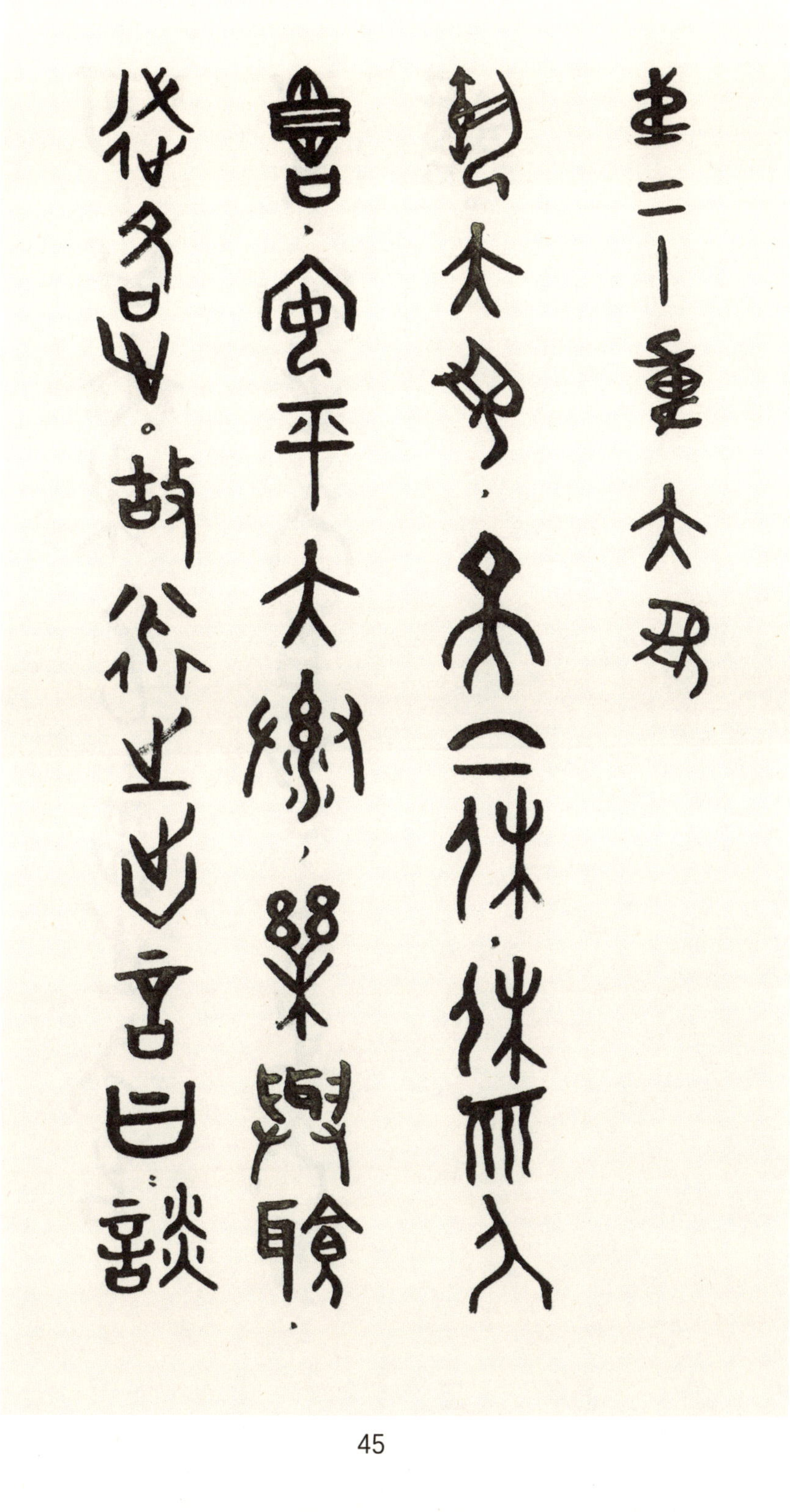

第二十章 大象

執大象，天下住，住而不害，安平大泰，樂與餌，過格止。故道之出言曰：談呵！其無味也！視之不足見，聽之不足聞，用之不可既。

第二十一章 從道

孔德之容，唯道是從。道之物，唯望唯忽；忽呵，望呵，中有象；望呵，忽呵，中有物；幽呵，冥呵，中有清；其清甚真，其中有信。自古及今，其名不去，以順眾甫。吾何以知眾甫之機？以此。

第二十二章 弗居

垂者不立，自視不彰。自見者不明，自伐者無功，自矜者不長。其在道，曰稌食贅行，物或惡之，故有欲者弗居。

第二十三章 執一

曲則釿，枉則釘，窪則盈，敝則新，少則得，多則惑。是以聖人執一，以爲天下目。

不自視故明，不自見故彰。不自伐故有功，弗矜故能長。夫唯不爭，故莫能與之爭。古今所謂，曲則釿者，幾語才，誠釿歸之。

釿者，幾語才，誠釿歸之。

第二十四章 同道

希言自然，飄風不終朝，暴雨不終日，孰爲此？天地而弗能久，又況於人乎？故從事而道者，同於道；德者，同於德；失者，同於失。同於德者，道亦德之；同於失者，道亦失之。

第二十五章 自重

重爲輕根，清爲躁君。是以君子終日行，不離其輜重，唯有還觀，燕處則照。若若何萬乘之王，而以身輕於天下。輕則失本，躁則失君。

第二十六章 曳明

善行者，無撤跡；善言者，無瑕適；善數者，不用籌策；善閉者，無關籥而不

可啟；善結者，無墨約而不可解。是以聖人恆善覓人，而無棄人，物無棄材，是謂曳明。故善人，善人之師；不善人，善人之基。不貴其師，不愛其賫，唯知乎大瞇，是謂渺要。

第二十七章 恆德

知其雄，守其雌，爲天下溪，恆德不離，復歸嬰兒；知其敗，守其辱，爲天下榖，

恆德乃足，德乃足，復歸於樸；知其白，守其黑，爲天下式，恆德不貳，德不貳，復歸於無極。樸散則爲器，聖人用則爲官長，夫大製無割。

第二十八章 自然

將欲取天下而爲之，吾見其弗得已。天下神器，非可爲者，爲者敗之，執著失之。

物或行或綏，或明或吹，或強或措，或嗙或綏，是以聖人去甚，去太，去儲。

第二十九章 貴左

夫兵者，不祥之器，物或惡之，故有欲者弗居。君子居則貴左，用兵則貴右，故兵

者，非君子之器。兵者，不祥之器，不得已而用之，閑旁爲上，勿美也，若美之，是樂殺人，夫樂殺人，不可以得誌於天下。是以吉事尚左，喪事尚右，偏將軍居左，上將軍居右，言以喪禮居之。

殺人眾，以悲依立之，戰勝，

以喪禮處之。

第三十章 知止

道恆無名，樸唯小，而天下弗敢臣。侯王若能守之，萬物將自賓；天地

相合，以余甘露，民莫之令而自均。始製有名，名亦既有，夫亦將知止，知止可以不殆。俾道之在天下，猶小浴之與江海。

第三十一章 盡已

知人者，智；自知者，明；勝人者，有力；自勝者，強；知足者，富；強行者，有誌；不失其所者，久；死不往者，壽。

第三十二章 成大

道豐呵，其可左右；成功遂事，而弗名有，萬物歸焉，而弗爲主。則恆無欲，可名於小，萬物歸焉而弗爲主，可名於大。是以聖人之能成大，以其不爲大，故能成大。

第三十三章 食母

唯與訶，其相去幾何？美與惡，其相去何若？人之所畏，亦不可不畏。

望呵！其未央哉！眾人熙熙，若鄉於太牢，而春登臺，我泊焉未兆，若嬰兒未咳，類呵！似無所歸。

眾人皆有餘，我獨遺，我愚人之心，昏昏呵。餘人昭昭，我獨昏呵，餘人察察，我獨昏昏呵。忽呵！其若海，望

呵！其若無所止。眾人皆有以，我獨頑以悝，吾獨異於人，而貴食母。

呵！其若無所止。眾人皆有以，我獨頑以悝，吾獨異於人，而貴食母。

第三十四章 昆成

有物昆成，先天地生，秀呵妙呵，獨立而不駭，可以爲天下母。吾未知其

名，字之曰道，吾強爲之名曰大，大曰逝，逝曰遠，遠曰反。道大，天大，
地大，王亦大，國中有四大，而王居一焉。人法

地，地法天，天法道，道法自然。

第三十五章 微明

將欲失之，必故張之；將欲弱之，必故強之；將欲去之，必故與之；將欲奪之，必故予之。是謂微明，友弱勝強。魚不可脫於淵，邦利器不可以示人。

第三十六章 無名

道恆無名，侯王若守之，萬物將自歸。歸而欲作，吾將貞之以無名之樸，貞之以無名之樸，夫將不如，不如以清，天地將自正。

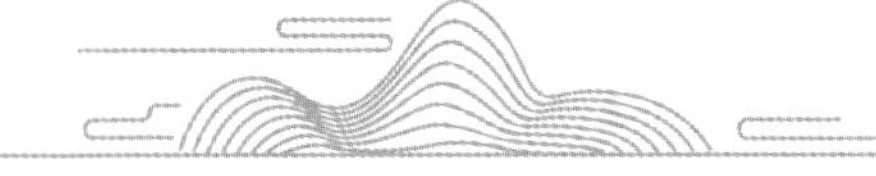

第三十七章 論德

上德不德，是以有德；下德不失德，是以無德。上德無爲，而無以爲；上仁爲之，

而無以爲；上義爲之，而有以爲；上禮爲之，而莫之應，則攘臂而乃之。故失道而後德，失德而後仁，

失仁而後義，失義而後禮。夫禮者，忠信之泊，而亂之首，淺識者，道之華，而愚之首。是以大丈夫居其厚，而不居其泊；居其實，而不居其華。故去皮取此。

而不居其泊，居其實，而不居其華。故去皮取此。

第三十八章 得一

昔之得一者；天得一以清，地得一以寧，神得一以靈，穀得一以盈，侯王得一以爲

天下正，其至之也。謂天無以清將恐裂，地無以寧將恐伐，神無以靈將恐歇，
穀無以盈將恐竭，

侯王無以貴高將恐蹶。故必貴而以賤爲本，必高而以下爲基。是以侯王自謂孤、寡、不穀，此其賤之爲本與？非也，故致數語無虞；是故不欲碌碌若玉，硌硌若石。

第三十九章 水德

天下莫柔弱於水，而攻堅強者，莫之能先，以其無以易之。水之勝剛，弱

之勝強，天下莫弗知，而莫能行之。故聖人之言云：受邦之詬，是謂社稷之主；受邦之不祥，是謂天下之王。正言若反。

第四十章 反復

反者，道之動；弱者，道之用。天下之物生於有，有生於無。

第四十一章 中和

道生一，一生二，二生三，三生萬物。萬物負陰而抱陽，中炁以爲和。天下之疾

惡，唯孤、寡、不穀，而王公以爲自名。物或損之而益，或益之而損。盡盈肆，已而教人，故強兩者不得斯，我將以爲學父。

第四十二章 至柔

天下之至柔，馳騁於天下之至堅，無有入於無間。吾是以知無爲之有益，不言之教，無爲之益，天下希能及之。

第四十三章 立戒

名與身孰親？身與貨孰多？得與亡孰病？甚愛必大費，多藏必厚亡。故知足不辱，知止不殆，可以長久。

第四十四章 知足

天下有道，卻走馬以糞；天下無道，戎馬生於郊。罪莫大於可欲，禍莫大於

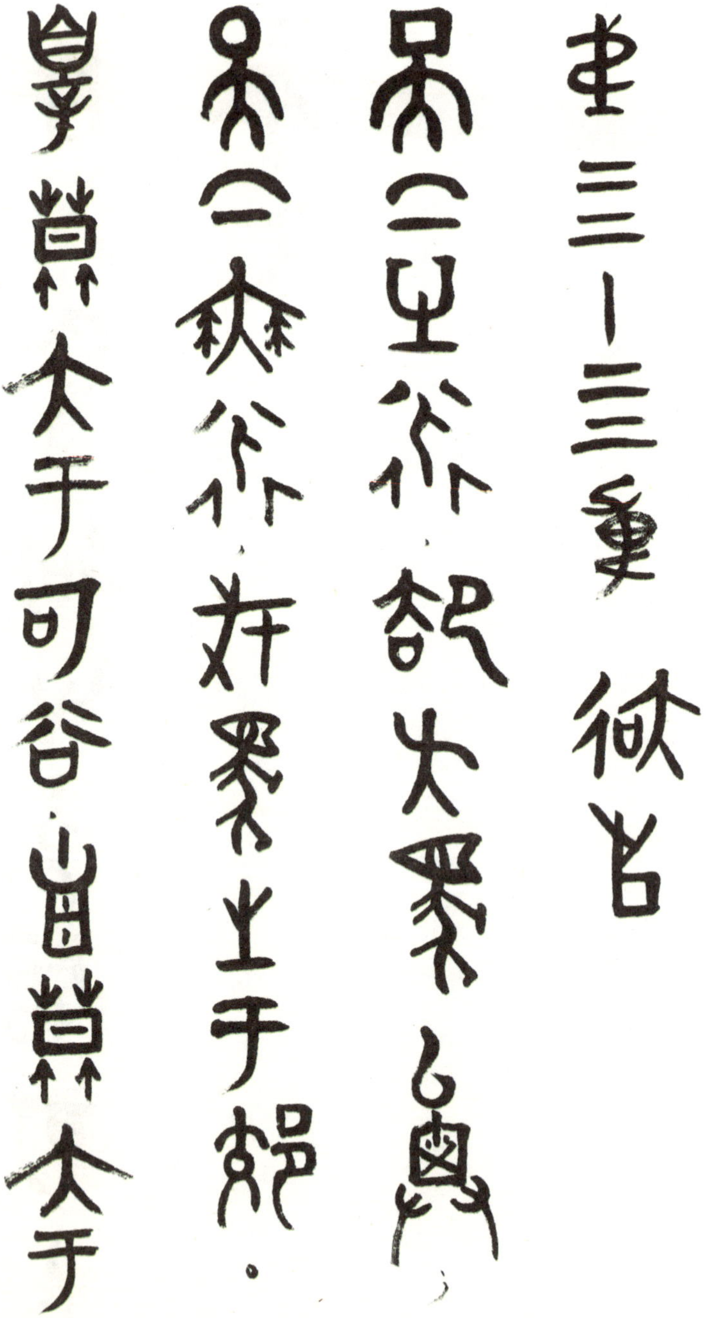

不知足，咎莫憯於欲得。故知足之足，恒足矣。

第四十五章 知天下

不出於戶，以知天下；不規於牖，以知天道。其出彌遠，其知彌少。是以聖人不行而知，不見而名，弗爲而成。

第四十六章 無爲

爲學者日益，聞道者日損，損之又損，以至於無爲，無爲而無不爲。將欲取

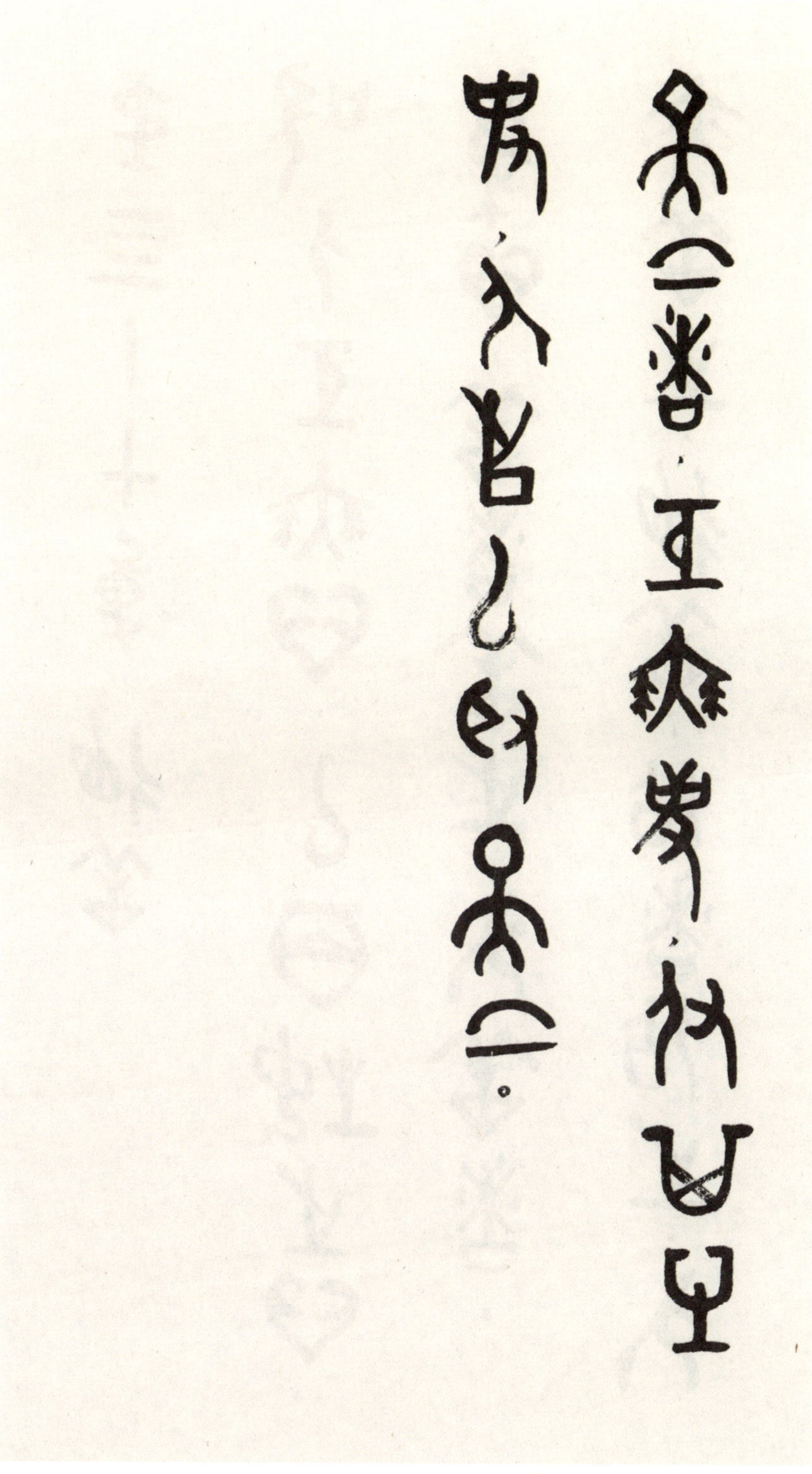

天下者，恆無事，及其有事，不足以取天下。

第四十七章 德善

聖人恆無心，以百姓之心爲心。善者善之，不善者，亦善之，德善；信者信之，不信者，亦信之，德信。聖人之在天下，翕翕焉，爲天下渾心，百姓皆屬其耳目，聖人皆孩之。

第四十八章 生死

出生，入死。生之徒，十有三；死之徒，十有三；動皆之死地，十有三。而民生生，

夫何故，以其生生也。蓋聞善執生者，陵行不辟兕虎，入軍不被甲兵，
兕無所剢其角，虎無所措其

爪，兵無所容其刃，夫何故，以其無死地。

第四十九章 不強

以道佐人主，不以兵強於天下，其事好還。師之所居，楚棘生之。善者果

而已矣，毋以取強；果而勿驕，果而勿矜，果而勿伐，果而毋得已居，是謂果而不強。物壯而老，是謂之不道，不道早已。

是謂之不道，不道早已。

第五十章 清靜

大成若缺，其用不敝；大盈若沖，其用不窮。大直若詘，大巧若拙，大贏若絀。燥勝

寒，靜勝熱，清靜可以爲天下正。

第五十一章 玄德

道生之，而德畜之；物形之，而器成之。是以萬物尊道而貴德。道之尊，德

之貴，夫莫知覺而恆自濟。道生之，畜之，長之，遂之，聽之，篤之，養之，復之。生而弗有，爲而弗持，長而弗宰，此之謂玄德。

第五十二章 守母

天下有始，以爲天下母。既得其母，以知其子，復守其母，沒身不殆。塞其亹，閉其門，終身不堇；啟其亹，濟其事，終身不救。見小曰明，守柔曰強，用其光，復歸其明。

第五十三章 道刭

無道身殃，是謂襲常，使我皆有知也。行於大道，唯施是畏，大道甚夷，民

甚好解；朝甚除，田甚蕪，倉甚虛，服文采，帶利劍，厭食而積，財有餘，是謂道剞。道剞，非道也。

第五十四章 善觀

善建者不撥，善抱者不脫，子孫以祭祀不絕。脩之身，其德乃真；脩之家，其德有

餘；脩之鄉，其德乃長；脩之邦，其德乃豐；脩之天下，其德乃博。以身觀身，以家觀家，以鄉觀鄉，以

邦觀邦，以天下觀天下。吾何以知天下然茲？以此。

第五十五章 含德

含德之厚者，比於赤子；蜂蠆委地弗螫，攫鳥猛獸弗搏，骨弱筋柔而握固，未知

牝牡之合而朘怒，精之至也。終日號而不嚘，和之至也。和曰常，知和曰明，益生曰祥，心使炁曰強。物壯即老，謂之不道，不道早已。

第五十六章 玄同

知者弗言，言者弗知。塞其亶，閉其門，和其光，同其塵，挫其鋭而解其紛，是谓玄同。故不可得而亲；亦不可得而疏；不可得而利；亦不可得而害；不可得而贵；亦不可得而贱。

是謂玄同。故不可得而親；亦不可得而疏；不可得而利；亦不可得而害；不可得而貴；亦不可得而賤。

故爲天下貴。

第五十七章 治邦

以正治邦，以奇用兵，以無事取天下。吾何以知其然哉？夫天下多忌諱，而民彌貧；民多利器，而邦家茲昏；人多知巧，而奇物茲起；法物茲彰，而盜賊多有。是以聖人之言曰：

我無爲，而民自化；我好靜，而民自正；我無事，而民自富；我欲不欲，而民自樸。

第五十八章 爲正

其正齊齊，其民屯屯；其正察察，其邦夬夬。禍，福之所倚；福，禍之所伏，

孰知其極，其無正也。正復爲奇，善復爲訞，人之迷，其日固久。是以方而不割，尖而不刺，直而不泄，

光而不耀。

第五十九章 長生

治人事天，莫若嗇，夫唯嗇，是以早服。早服謂之重積德，重積德則無不克，無不克則莫知其極，莫知其極，可以有國，有國知母，可以長久。
是謂深根固柢，長生久視

之道。

第六十章 居位

治大國，若烹小鮮。以道蒞天下，其鬼不神。非其鬼不神，其神不傷人。非其神不傷人，聖人亦弗傷。夫兩不相傷，故德交歸焉。

第六十一章 處下

大邦者，下流也，天下之牝也，天下之郊也。牝恆以靜勝牡，爲其靜也，故宜爲

下。大邦以下小邦，則取小邦；小邦以下大邦，則取大邦。故或下以取，或下而取。故大邦者，不過欲兼畜人，小邦者，

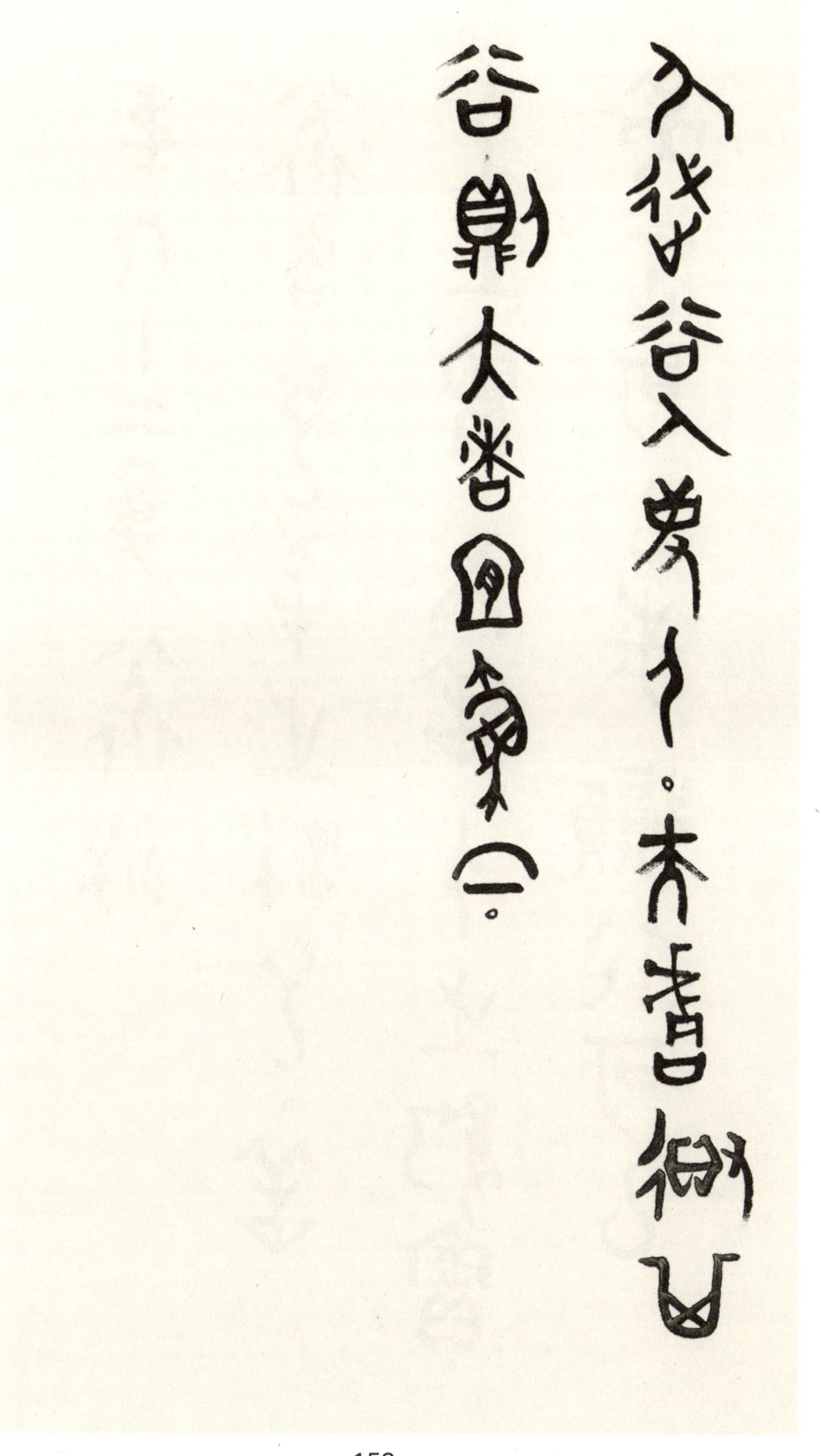

不過欲入事人。夫皆得其欲，則大者宜爲下。

第六十二章 道注

道者，萬物之注也。善，人之寶。不善，人之所寶。美言可以市，癲行可以

賀人，人之不善，何棄之有？故立天子，置三卿，雖有共之璧，以先四馬，不若坐而進此。古之所以貴此者何？不謂求以得，有罪以免與？故爲天下貴。

第六十三章 無難

爲無爲，事無事，位無位，大小多少，報怨以德。圖難於其易，爲大於其細。

天下之難，作於易，天下之大，作於細，是以聖人終不爲大，故能成其大。夫輕諾必寡信，多易必多難，是以聖人尤難之，故終於無難。

第六十四章 輔物

其安，易持；其未兆，易謀；其脆，易判；其微，易散。爲之於未有，治之於未亂。

合抱之木，生於毫末；九成之臺，作於累土；百仞之高，始於足下。爲之者敗之，執之者失之。是以聖人無

爲，故無敗；無執，故無失。民之從事，恆於其成事而敗之，故慎終若始，則無敗事。是以聖人欲不欲，而不貴難得之貨；學不學，而復眾人之所過。能輔萬物之自然，而弗敢爲。

第六十五章 爲道

古曰：爲道者非以明民也，將以愚之。民之難治，以其知也。故以知知邦，邦之賊；以不知知邦，邦之德。恆知此兩者，亦稽式，恆知稽式，此謂玄德。玄德深矣，遠矣，與物反矣，乃至大道。

第六十六章 江海

江海所以能爲百穀之王者，以其善下之，是以能爲百穀王。是以聖人欲上民，

必以其言下之；欲先民，必以其身後之。故居前而民弗害，居上而民不重，天下樂推而弗厭，非與其無爭與？故天下莫能與爭。

第六十七章 安居

小邦寡民，使什佰之器毋用，使民重死而遠兮。有車舟無所乘之，有甲兵

無所陣之，使民復結繩而用之。甘其食，美其服，樂其俗，安其居，鄰邦相望，雞犬之聲相聞，民至老死，不相往來。

第六十八章 不積

信言不美，美言不信；知者不博，博者不知；善者不多，多者不善，聖人無積，既已爲人己愈有，既己予人己愈多。故天之道，利而不害，人之道，爲而弗爭。

第六十九章 三寶

天下皆謂我大，不肖。夫唯大，故不肖，若肖，細久矣。我恆有三寶之：一曰慈，

二曰檢，三曰不敢爲天下先。夫慈，故能勇；檢，故能廣；不敢爲天下先，故能爲成事長。今舍其慈且勇，舍

其檢且廣，舍其後且先，則必死矣。夫慈，以戰則勝，以守則固。天將健之，
如以慈垣之。

第七十章 不爭

善爲士者不武，善戰者不怒，善勝敵者弗與，善用人者爲之下，是謂不爭之德，是謂用人，是謂天亦，古之極也。

第七十一章 用兵

用兵有言曰：吾不敢爲主而爲客，吾不進寸而鋭尺。是謂行無行，攘無臂，執無兵，乃無敵矣。禍莫大於無適，無適近亡吾寶，故稱兵相若，則哀者勝矣。

第七十二章 懷玉

吾言甚易知，甚易行，而人莫之能知，而莫之能行。言有君，事有宗，其唯無知也，是以不我知。知我者希，則我貴矣。是以聖人被褐懷玉。

第七十三章 不病

知不知，尚矣；不知不知，病矣。是以聖人之不病，以其病病也，是以不病。

第七十四章 畏威

民不畏威，則大威將至。毋狎其所居，毋掩其所生，夫唯弗掩，是以不厭。

是以聖人，自知而不自見，自愛而不自貴。故去皮取此。

第七十五章 天綱

勇於敢者則殺，勇於不敢者則活，此兩者或利或害，天之所惡，孰知其故。天之道，不彈而善勝，不言而善應，不召而自來，坦而善謀，天網恢恢，疏而不失。

第七十六章 司殺

若民恆且不畏死，奈何以殺懼之。若民恆是死，則而爲者，吾將得而殺

之，夫孰敢。若民恆且必畏死，則恆有司殺者，夫代司殺者殺，是代大匠斲，
夫代大匠斲者，則希不傷

其樂也。

第七十七章 貴生

民之飢，以其取食稅之多，是以飢；民之不治，以其上有以爲也，是以不治；民之輕死，以其求生之厚，是以輕死。夫唯無以生爲者，是賢貴生。

第七十八章 柔弱

人之生也柔弱，其死也堅強。萬物草木之生也柔脆，其死也枯槁。故曰：堅強者，死之徒，柔弱微細，生之徒。兵強則不勝，木強則恆，強大居下，柔弱微細居上。

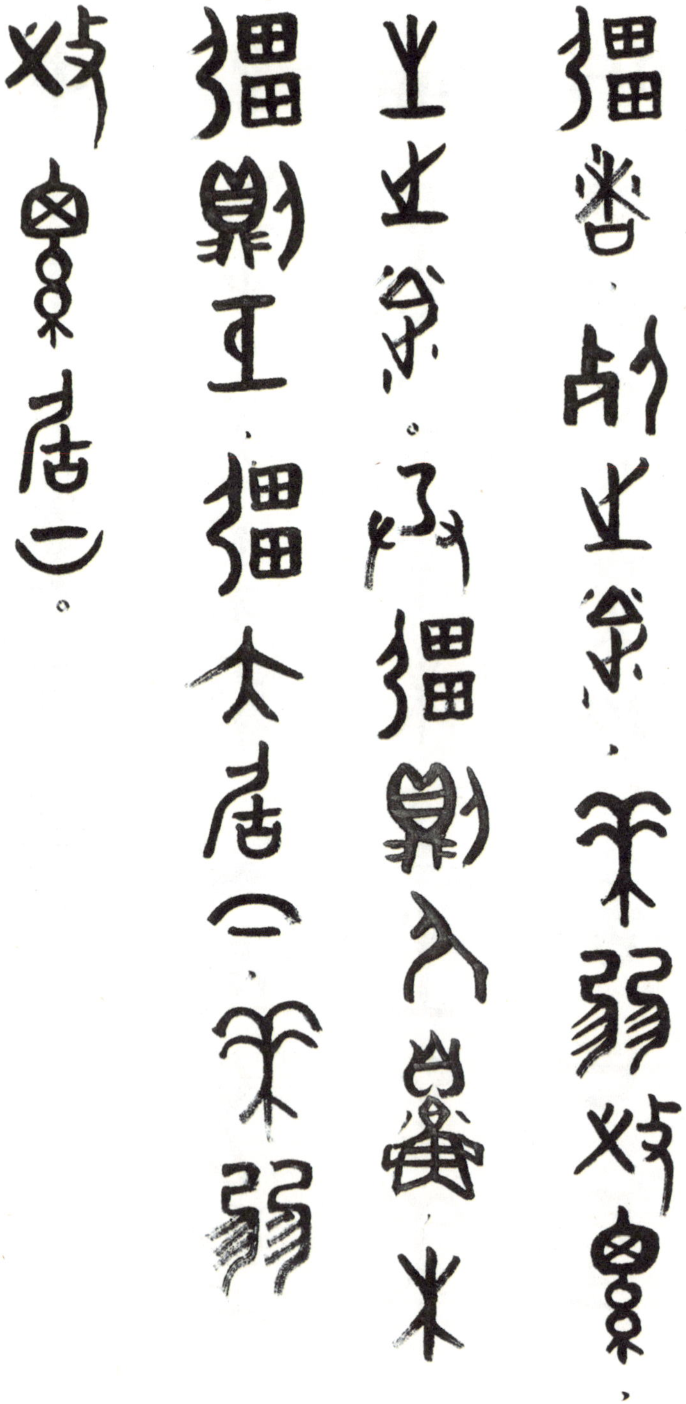

第七十九章 天道

天下之道，猶張弓者也，高者抑之，下者舉之，有餘者損之，不足者補之。故天之道，

損有餘而益不足，人之道，損不足而奉有餘，孰能有餘，而由己取，奉於天者，此有道者乎？是以聖人爲而弗有，成功而弗居，若此，其不欲見賢也？

第八十章 聞道

上士聞道，謹能行之，中士聞道，若存若亡，下士聞道，大笑之，弗笑不足以爲

道。是以建言有之曰：明道如非，進道如退，夷道如類；上德如穀，大白如辱，廣德如不足，建德如輸，質真如諭；大方無隅，大器晚成，大音希聲，大象無形，道隱無名。夫唯道，善始且善成。

第八十一章 又誠

和大怨，必有餘怨，焉可以爲善？是以聖人又誠，而不以責於人。故有德司誠，無德司徹，夫天道無親，恆予善人。

甲辰六月十三酉時歷九日書錄完全『昆侖書院道德經』版本。自七月十日始執筆，以為紀念昆侖書院成立三周年日。此卷自癸卯夏月至今年初完成校對勘驗原稿，并於今年春至七月十日完成甲骨文版，此時天放金光於正北天空晚八時余！此「道德經」乃老子當年原版之原貌，能信及靈慧力更有增強，以應星際文明使更多緣者覺醒，提昇靈性智慧，甲骨文版可以更加綿化和序化修行之身心，願人人成真登聖，亦是吾之天命道行，感恩歷代昆侖祖師加持和老子定中教導指正！！王曉巍沐浴書於峨眉山昆侖書院寓所

帛書老子德道經

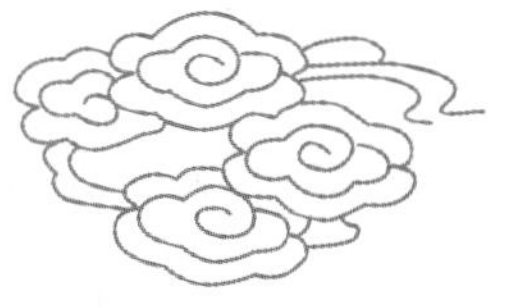

德經

論德 一

上德不德，是以有德；下德不失德，是以無德。上德無爲，而無以爲也；上仁爲之，而無以爲也；上義爲之，而有以爲也。上禮爲之，而莫之應也，則攘臂而乃之。故失道而後德，失德而後仁，失仁而後義，失義而後禮。夫禮者，忠信之泊也，而亂之首也。前識者，道之華也，而愚之首也。是以大丈夫居其厚，而不居其泊；居其實，而不居其華。故去皮取此。

得一 二

昔之得一者，天得一以清，地得一以寧，神得一以霝，浴得一以盈，侯王得一以爲天下正。其至之也，胃天毋已清將恐蓮，胃地毋已寧將恐發，胃神毋已霝將恐歇，胃浴毋已盈將恐竭，胃侯王毋已貴以高將恐蹶。故必貴而以賤爲本，必高矣而以下爲基。夫是以侯王自胃孤、寡、不榖，此其賤之本與，非也？故致數與無與。是故不欲，禄禄若玉，珞珞若石。

聞道 三

上士聞道，堇能行之；中士聞道，若存若亡；下士聞道，大笑之。弗笑不足以爲道。是以建言有之曰：明道如費，進道如退，夷道如類；上德如浴，大白如辱，廣德如不足，建德如輸，質真如渝；大方無禺，大器免成，大音希聲，天象無刑，道隱無名。夫唯道，善始且善成。

反復 四

反也者，道之動也；弱也者，道之用也。天下之物生於有，有生於無。

中和 五

道生一，一生二，二生三，三生萬物。萬物負陰而抱陽，中氣以爲和。天下之所惡，唯孤、寡、不穀，而王公以自名也。勿或損之而益，或益之而損。覯殷死，議而教人。故強良者不得死，我將以爲學父。

至柔 六

天下之至柔，馳騁於天下之致堅。無有入於無間，五是以知無爲之有益也。不言之教，無爲之益，天下希能及之矣。

立戒 七

名與身孰親？身與貨孰多？得與亡孰病？甚愛必大費，多藏必厚亡。故知足不辱，知止不殆，可以長久。

請靚 八

大成若缺，其用不幣；大盈若沖，其用不窮。大直如詘，大巧如拙，大贏如炳。趮勝寒，靚勝炅。請靚可以爲天下正。

知足 九

天下有道，卻走馬以糞；天下無道，戎馬生於郊。罪莫大於可欲，禍莫大於不知足，咎莫憯於欲得。故知足之足，恆足矣。

知天下 十

不出於戶，以知天下；不規於牖，以知天道。其出也彌遠，其知也彌少。是以聖人，不行而知，不見而名，弗爲而成。

無爲 十一

爲學者日益，聞道者日損。損之又損，以至於無爲。無爲而無不爲。將欲取天下者恆無事，及其有事也，不足以取天下。

德善 十二

聖人恆無心，以百姓之心爲心。善者善之，不善者亦善之，德善也。信者信之，不信者亦信之，德信也。聖人之在天下，翕翕焉，爲天下渾心。百姓皆屬其耳目焉，聖人皆咳之。

生死 十三

出生，入死。生之徒十有三；死之徒十有三；而民生生，動皆之死地之十有三。夫何故也？以其生生也。蓋聞善執生者，陵行不辟矢虎，入軍不被甲兵；矢無所椯其角，虎無所昔其蚤，兵無所容其刃。夫何故也？以其無死地焉。

尊貴 十四

道生之，而德畜之；物形之，而器成之。是以萬物尊道而貴德。道之尊，德之貴也，夫莫之爵而恆自然也。道生之、畜之、長之、遂之、亭之、毒之、養之、覆之。生而弗有也，爲而弗寺也，長而弗宰也，此之胃玄德。

守母 十五

天下有始，以爲天下母。既得其母，以知其子，復守其母，沒身不殆。塞其悶，閉其門，終身不堇。啟其悶，濟其事，終身不救。見小曰明，守柔曰強。用其光，復歸其明。

盜桍 十六

毋道身殃，是胃襲常。使我擦有知也，行於大道，唯施是畏。大道甚夷，民甚好解。朝甚除，田甚蕪，倉甚虛；服文采，帶利劍，厭食而賫財有余；是胃盜桍。盜桍，非道也！

善觀 十七

善建者不拔，善抱者不脫，子孫以祭祀不絕。脩之身，其德乃真；脩之家，其德有余；脩之鄉，其德乃長；脩之邦，其德乃豐；脩之天下，其德乃博。以身觀身，以家觀家，以鄉觀鄉，以邦觀邦，以天下觀天下。吾何以知天下然茲？以此。

含德 十八

含德之厚者，比於赤子。逢猁蜾地弗螫，擢鳥猛獸弗搏。骨弱筋柔而握固。未知牝牡之會而朘怒，精之至也。終日號而不嚘，和之至也。和曰常，知和曰明，益生曰祥，心使氣曰強。物壯即老，胃之不道，不道早已。

玄同 十九

知者弗言，言者弗知。塞其悶，閉其門，和其光，同其塵，坐其兑而解其紛，是胃玄同。故不可得而親，亦不可得而疏；不可得而利，亦不可得而害；不可得而貴，亦不可得而淺。故爲天下貴。

治邦 二十

以正之邦，以畸用兵，以無事取天下。吾何以知其然也哉？夫天下多忌諱，而民彌貧；民多利器，而邦家茲昏；人多知，而奇物茲起；法物茲彰，而盜賊多有。是以聖人之言曰：我無爲也，而民自化；我好靜，而民自正；我無事，民自富；我欲不欲，而民自樸。

爲正 二十一

其正閔閔，其民屯屯；其正察察，其邦夬夬。禍，福之所倚；福，禍之所伏。孰知其極？其無正也。正復爲奇，善復爲妖。人之迷也，其日固久矣。是以方而不割，兼而不刺，直而不紲，光而不耀。

長生 二十二

治人事天，莫若嗇。夫唯嗇，是以蚤服；蚤服胃之重積德；重積德則無不克；無不克則莫知其極；莫知其極，可以有國；有國之母，可以長久。是胃深根固柢，長生久視之道也。

居位 二十三

治大國，若亨小鮮。以道莅天下，其鬼不神；非其鬼不神也，其神不傷人也；非其申不傷人也，聖人亦弗傷也。夫兩不相傷，故德交歸焉。

處下 二十四

大邦者下流也，天下之牝也，天下之郊也。牝恆以靚勝牡，爲其靚也，故宜爲下。大邦以下小邦，則取小邦；小邦以下大邦，則取於大邦。故或下以取，或下而取。故大邦者，不過欲兼畜人，小邦者，不過欲入事人。夫皆得其欲，則大者宜爲下。

道注 二十五

道者，萬物之注也。善人之寶也，不善人之所寶也。美言可以市，尊行可以賀人。人之不善，何棄之有？故立天子，置三卿，雖有共之壁以先四馬，不善坐而進此。古之所以貴此者何？不胃求以得，有罪以免輿？故爲天下貴。

無難 二十六

爲無爲，事無事，味無未。大小多少，報怨以德。圖難於其易也，爲大於其細也。天下之難作於易，天下之大作於細。是以聖人終不爲大，故能成其大。夫輕諾必寡信，多易必多難。是以聖人猶難之，故終於無難。

輔物 二十七

其安也，易持也。其未兆也，易謀也。其脃也，易破也。其微也，易散也。爲之於其未有也，治之於其未亂也。合抱之木，生於毫末；九成之臺，作於羸土；百仁之高，始於足下。爲之者敗之，執之者失之。是以聖人無爲也，故無敗也，無執也，故無失也。民之從事也，恆於其成事而敗之。故慎終若始，則無敗事矣。是以聖人欲不欲，而不貴難得之貨；學不學，而復眾人之所過。能輔萬物之自然，而弗敢爲。

玄德 二十八

故曰爲道者非以明民也，將以愚之也。民之難治也，以其知也。故以知知邦，邦之賊也；以不知知邦，邦之德也。恆知此兩者，亦稽式也。恆知稽式，此胃玄德。玄德深矣、遠矣，與物反矣，乃至大順。

江海 二十九

江海之所以能爲百浴王者，以其善下之，是以能爲百浴王。是以聖人之欲上民也，必以其言下之；其欲先民也，必以其身後之。故居前而民弗害也，居上而民弗重也。天下樂隼而弗猒也。非以其無諍與？故天下莫能與諍。

安居 三十

小邦寡民。使十百人之器毋用，使民重死而遠徙。有車周無所乘之，有甲兵無所陳之。使民復結繩而用之。甘其食，美其服，樂其俗，安其居。鄰邦相望，雞狗之聲相聞，民至老死，不相往來。

不積 三十一

信言不美，美言不信。知者不博，博者不知。善者不多，多者不善。聖人無積，既以爲人己愈有，既以予人己愈多。故天之道，利而不害；人之道，爲而弗爭。

三葆 三十二

天下皆胃我大，大而不宵。夫唯大，故不宵。若宵，細久矣。我恆有三葆之：一曰茲，二曰檢，三曰不敢爲天下先。夫茲，故能勇；檢，故能廣；不敢爲天下先，故能爲成事長。今舍其茲且勇，舍其檢且廣，舍其後且先，則必死矣。夫茲，以戰則勝，以守則固。天將建之，如以茲垣之。

不爭 三十三

善爲士者不武；善戰者不怒；善勝敵者弗與；善用人者爲之下。是胃不爭之德，是胃用人，是胃天，古之極也。

用兵 三十四

用兵有言曰：吾不敢爲主而爲客；吾不進寸而芮尺。是胃行無行，攘無臂，執無兵，乃無敵矣。禍莫大於無適，無適近亡吾寶矣。故稱兵相若，則哀者勝矣。

懷玉 三十五

吾言甚易知也，甚易行也；而人莫之能知也，而莫之能行也。言有君，事有宗。其唯無知也，是以不我知。知我者希，則我貴矣。是以聖人被褐而懷玉。

知病 三十六

知不知，尚矣；不知不知，病矣。是以聖人之不病，以其病病也，是以不病。

畏畏 三十七

民之不畏畏，則大畏將至矣。毋閘其所居，毋猒其所生。夫唯弗猒，是以不猒。是以聖人，自知而不自見也，自愛而不自貴也。故去被取此。

天網 三十八

勇於敢者則殺，勇於不敢者則栝。此兩者或利或害。天之所惡，孰知其故？天之道，不彈而善勝，不言而善應，不召而自來，彈而善謀。天網恢恢，疏而不失。

司殺 三十九

若民恆且不畏死，奈何以殺懼之也？若民恆是死，則而爲者，吾將得而殺之，夫孰敢矣？若民恆且必畏死，則恆有司殺者。夫代司殺者殺，是代大匠斫也。夫代大匠斫者，則希不傷其手矣。

貴生 四十

人之饑也，以其取食稅之多也，是以饑。百姓之不治也，以其上有以爲也，是以不治。民之輕死，以其求生之厚也，是以輕死。夫唯無以生爲者，是賢貴生。

柔弱 四十一

人之生也柔弱，其死也恆仞賢強。萬物草木之生也柔脆，其死也枯槁。故曰：堅強者，死之徒也；柔弱微細，生之徒也。兵強則不勝，木強則恆。強大居下，柔弱微細居上。

天道 四十二

天下之道，猶張弓者也。高者印之，下者舉之；有余者損之，不足者補之。故天之道，損有余而益不足。人之道，損不足而奉有余。孰能有余而有以取奉於天者？此有道者乎！是以聖人爲而弗有，成功而弗居也。若此，其不欲見賢也。

水德 四十三

天下莫柔弱於水，而攻堅強者莫之能先也，以其無以易之也！水之勝剛也，弱之勝強也，天下莫弗知也，而莫能行也。故聖人之言雲曰：受邦之訽，是胃社稷之主；受邦之不祥，是胃天下之王。正言若反。

右介 四十四

和大怨，必有余怨，焉可以爲善？是以聖右介而不以責於人。故有德司介，無德司徹。夫天道無親，恆與善人。

道經

觀眇 四十五

道，可道也，非恆道也。名，可名也，非恆名也。無，名萬物之始也；有，名萬物之母也。故恆無欲也，以觀其眇；恆有欲也，以觀其所噭。兩者同出，異名同胃；玄之又玄，眾眇之門。

觀噭 四十六

天下皆知美爲美，惡已；皆知善，訾不善矣。有無之相生也，難易之相成也，長短之相形也，高下之相盈也，意聲之相和也，先後之相隨，恆也。是以聖人居無爲之事，行不言之教。萬物作而弗始也，爲而弗志也，成功而弗居也。夫唯居，是以弗去。

安民 四十七

不上賢，使民不爭。不貴難得之貨，使民不爲盜。不見可欲，使民不亂。是以聖人之治也，虛其心，實其腹；弱其志，強其骨。恆使民無知、無欲也。使夫知不敢，弗爲而已，則無不治矣。

道用 四十八

道沖而用之，有弗盈也。潚呵，始萬物之宗。銼其兌，解其紛，和其光，同其塵。湛呵，似或存。吾不知其誰之子也，象帝之先。

用中 四十九

天地不仁，以萬物爲芻狗。聖人不仁，以百省爲芻狗。天地之間，其猶橐籥與？虛而不淈，踵而俞出。多聞數窮，不若守於中。

浴神 五十

浴神不死，是胃玄牝。玄牝之門，是胃天地之根。綿綿呵若存，用之不堇。

無私 五十一

天長地久。天地之所以能長且久者，以其不自生也，故能長生。是以聖人芮其身而身先，外其身而身存。不以其無私輿？故能成其私。

治水 五十二

上善治水。水善利萬物而有靜，居眾之所惡，故幾於道矣。居善地，心善潚，予善信，正善治，事善能，蹱善時。夫唯不爭，故無尤。

持盈 五十三

揰而盈之，不若其已。揣而兌之，不可長葆之。金玉盈室，莫之守也。貴富而驕，自遺咎也。功述身芮，天之道也。

無不爲 五十四

戴營魄抱一，能毋離乎？摶氣至柔，能嬰兒乎？脩除玄藍，能毋疵乎？愛民栝國，能毋以知乎？天門啟闔，能爲雌乎？明白四達，能毋以知乎？生之、畜之，生而弗有，長而弗宰也，是胃玄德。

玄中 五十五

卅輻同一轂，當其無，有車之用也。埏埴爲器，當其無，有埴器之用也。鑿戶牖，當其無，有室之用也。故有之以爲利，無之以爲用。

爲腹 五十六

五色使人目明，馳騁田獵使人心發狂。難得之貨使人之行方，五味使人之口爽，五音使人之耳聾。是以聖人之治也，爲腹不爲目，故去罷耳此。

寵辱 五十七

人，寵辱若驚，貴大梡若身。何胃寵辱若驚？寵之爲下，得之若驚，失之若驚，是胃寵辱若驚。何胃貴大梡若身？吾所以有大梡者，爲吾有身也，及吾無身，有何梡？故貴爲身於爲天下，若可以逅天下矣；愛以身爲天下，汝可以寄天下。

道紀 五十八

視之而弗見，名之曰微；聽之而弗聞，名之曰希；捪之而弗得，名之曰夷。三者不可至計，故捆而爲一。一者，其上不攸，其下不忽。尋尋呵！不可名也，復歸於無物。是胃無狀之狀，無物之象，是胃忽望。隨而不見其後，迎而不見其首。執今之道，以禦今之有。以知古始，是胃道紀。

不盈 五十九

古之善爲道者，微眇玄達，深不可志。夫唯不可志，故強爲之容。曰：與呵其若冬涉水；猶呵其若畏四鄰；儼呵其若客；渙呵其若淩澤；沌呵其若樸；湷呵其若濁；曠呵其若浴。濁而情之餘清？女以重之餘生。葆此道不欲盈。夫唯不欲盈，是以能敝而不成。

歸根 六十

至虛，極也，守情，表也。萬物旁作，吾以觀其復也。天物雲雲，各復歸於其根曰靜，靜是胃復命。復命，常也。知常，明也。不知常，帀帀作凶。知常容，容乃公，公乃王，王乃天，天乃道，道乃久，沕身不殆。

知有 六十一

大上，下知有之；其次親譽之；其次畏之；其下母之。信不足，案有不信。猶呵！其貴言也。成功遂事，而百省胃我自然。

四有 六十二

故大道廢，案有仁義；知快出，案有大僞；六親不和，案有畜慈；邦家昏亂，案有貞臣。

樸素 六十三

絕聖棄智，民利百負；絕仁棄義，民復畜慈；絕巧棄利，盜賊無有。此三言也，以爲文未足，故令之有所屬：見素抱樸，少私而寡欲，絕學無憂。

食母 六十四

唯與訶，其相去幾何？美與惡，其相去何若？人之所畏，亦不可以不畏人。望呵！其未央哉！眾人配配，若鄉於大牢，而春登臺。我泊焉未兆，若嬰兒未咳。累呵！似無所歸。眾人皆有餘，我獨遺。我禺人之心也。惷惷呵！鬻人昭昭，我獨若閫呵！鬻人蔡蔡，我獨昏昏呵！忽呵！其若海；望呵！其若無所止。眾人皆有以，我獨頑以悝。吾欲獨異於人，而貴食母。

從道 六十五

孔德之容，唯道是從。道之物，唯望唯忽。忽呵！望呵！中有象呵！望呵！忽呵！中有物呵！幽呵！鳴呵！中有請吔！其請甚真，其中有信。自今及古，其名不去，以順眾甫。吾何以知眾甫之然？以此。

弗居 六十六

炊者不立，自視不彰。自見者不明，自伐者無功，自矜者不長。其在道也，曰稌食贅行，物或惡之。故有欲者弗居。

執一 六十七

曲則金，枉則定，窪則盈，敝則新，少則得，多則惑。是以聖人執一以爲天下牧。不自視故明；不自見故彰；不自伐故有功，弗矜故能長。夫唯不爭，故莫能與之爭。古之所胃曲則金者，幾語才！誠金歸之。

同道 六十八

希言自然。飄風不終朝，暴雨不終日。孰爲此？天地而弗能久，又況於人乎？故從事而道者同於道，德者同於德，失者同於失。同於德者，道亦德之；同於失者，道亦失之。

昆成 六十九

有物昆成，先天地生。繡呵！繆呵！獨立而不亥，可以爲天地母。吾未知其名，字之曰道。吾強爲之名曰大。大曰筮，筮曰遠，遠曰反。道大，天大，地大，王亦大。國中有四大，而王居一焉。人法地，地法天，天法道，道法自然。

甾重 七十

重爲巠根，清爲趮君。是以君子眾日行，不離其甾重，唯有環官，燕處則昭。若若何萬乘之王，而以身巠於天下？巠則失本，趮則失君。

曳明 七十一

善行者無徹跡；善言者無瑕適；善數者不用檮策；善閉者無闗籥籥而不可啟也；善結者無纆約而不可解也。是以聖人恆善怵人，而無棄人，物無棄財，是胃曳明。故善人，善人之師；不善人，善人之齎也。不貴其師，不愛其齎，唯知乎大眯，是胃眇要。

恆德 七十二

知其雄，守其雌，爲天下溪。爲天下溪，恆德不離。恆德不離，復歸嬰兒。知其白，守其辱，爲天下浴。爲天下浴，恆德乃足。恆德乃足，復歸於楃。知其白，守其黑，爲天下式。爲天下式，恆德不二。恆德不二，復歸於無極。楃散則爲器，聖人用則爲官長，夫大制無割。

自然 七十三

將欲取天下而爲之，吾見其弗得已？天下神器也，非可爲者也。爲者敗之，執者失之。物或行或隨，或炅或吹，或強或碓，或坯或橢。是以聖人去甚，去大，去楮。

不強 七十四

以道佐人主，不以兵強於天下，其事好還。師之所居，楚棘生之。善者果而已矣，毋以取強焉。果而毋驕，果而勿矜，果而勿伐，果而毋得已居，是胃果而不強。物壯而老，是胃之不道，不道蚤已。

貴左 七十五

夫兵者，不祥之器也。物或惡之，故有欲者弗居。君子居則貴左，用兵則貴右。故兵者非君子之器也。兵者不祥之器也，不得已而用之，銛龐爲上。勿美也，若美之，是樂殺人也。夫樂殺人不可以得志於天下矣。是以吉事尚左，喪事尚右。是以便將軍居左、上將軍居右，言以喪禮居之也。殺人眾，以悲依立之；戰勝，以喪禮處之。

知止 七十六

道恆無名，楃唯小，而天下弗敢臣。侯王若能守之，萬物將自賓。天地相合，以俞甘洛，民莫之令而自均焉。始制有名，名亦既有，夫亦將知止，知止可以不殆。俾道之在天下也，猶小浴之與江海也。

盡己 七十七

知人者，智也；自知者，明也。勝人者，有力也；自勝者，強也。知足者，富也；強行者，有志也。不失其所者，久也；死不妄者，壽也。

成大 七十八

道沨呵！其可左右也。成功遂事，而弗名有也；萬物歸焉而弗爲主。則恆無欲也，可名於小；萬物歸焉而弗爲主，可名於大。是以聖人之能成大也，以其不爲大也，故能成其大。

大象 七十九

執大象，天下往。往而不害，安平太。樂與餌，過格止。故道之出言也，曰：談呵！其無味也。視之不足見也，聽之不足聞也，用之不可既也。

微明 八十

將欲拾之，必古張之；將欲弱之，必古強之；將欲去之，必古與之；將欲奪之，必古予之。是胃微明。友弱勝強。魚不可脫於淵，邦利器不可以示人。

無名 八十一

道恆無名。侯王若守之，萬物將自化，化而欲作，吾將闐之以無名之楃。闐之以無名之楃，夫將不辱。不辱以情，天地將自正。

河上公章句道德經

上篇《道經》

河上公章句第一卷

體道第一

道可道，非常道；名可名，非常名。無名，天地之始；有名，萬物之母。故常無欲，以觀其妙；常有欲，以觀其徼。此兩者，同出而異名，同謂之玄。玄之又玄，衆妙之門。

養身第二

天下皆知美之爲美，斯惡已；皆知善之爲善，斯不善已。故有無相生，難易相成，長短相形，高下相傾，音聲相和，前後相隨。是以聖人處無爲之事，行不言之教。萬物作焉而不辭，生而不有，爲而不恃，功成而弗居。夫唯弗居，是以不去。

安民第三

不尚賢，使民不爭；不貴難得之貨，使民不爲盜；不見可欲，使民心不亂。是以聖人之治，虛其心，實其腹；弱其誌，強其骨。常使民無知無欲，使夫知者不敢爲也。爲無爲，則無不治。

無源第四

道沖而用之，或不盈。淵兮似萬物之宗。挫其鋭，解其紛，和其光，同其塵。湛兮似若存。吾不知誰之子，象帝之先。

虛用第五

天地不仁，以萬物爲芻狗；聖人不仁，以百姓爲芻狗。天地之間，其猶橐籥乎？虛而不屈，動而愈出。多言數窮，不如守中。

成象第六

谷神不死，是謂玄牝。玄牝之門，是謂天地根。綿綿若存，用之不勤。

韜光第七

天長地久。天地所以能長且久者，以其不自生，故能長生。是以聖人後其身而身先，外其身而身存。非以其無私邪？故能成其私。

易性第八

上善若水。水善利萬物而不爭，處眾人之所惡，故幾於道。居善地，心善淵，與善仁，言善信，政善治，事善能，動善時。夫唯不爭，故無尤。

運夷第九

持而盈之，不如其已。揣而銳之，不可長保。金玉滿堂，莫之能守。富貴而驕，自遺其咎。功遂身退，天之道。

能爲第十

載營魄抱一，能無離。專氣致柔，能嬰兒。滌除玄覽，能無疵。愛民治國，能無知。天門開闔，能無雌？明白四達，能無知。生之畜之，生而不有，爲而不恃，長而不宰，是謂玄德。

無用第十一

三十輻共一轂，當其無，有車之用。埏埴以爲器，當其無，有器之用。鑿戶牖以爲室，當其無，有室之用。故有之以爲利，無之以爲用。

檢欲第十二

五色令人目盲，五音令人耳聾，五味令人口爽，馳騁田獵令人心發狂，難得之貨令人行妨，是以聖人爲腹不爲目，故去彼取此。

猒耻第十三

寵辱若驚，貴大患若身。何謂寵辱？辱爲下，得之若驚，失之若驚，是謂寵辱若驚。何謂貴大患若身？吾所以有大患者，爲吾有身，及吾無身，吾何有患？故貴以身爲天下者，則可寄於天下；愛以身爲天下者，乃可以托於天下。

贊玄第十四

視之不見，名曰夷；聽之不聞，名曰希；搏之不得，名曰微。此三者，不可致詰，故混而爲一。其上不皦，其下不昧。繩繩不可名，復歸於無物。是謂無狀之狀，無物之象，是謂忽恍。迎之不見其首，隨之不見其後。執古之道，以禦今之有。以知古始，是謂道紀。

顯德第十五

古之善爲士者，微妙玄通，深不可識。夫唯不可識，故強爲之容:與兮若冬涉川;猶兮若畏四鄰；儼兮其若容；渙兮若冰之將釋；敦兮其若樸；曠兮其若谷；渾兮其若濁。孰能濁以靜之徐清？孰能安以久動之徐生？保此道者不欲盈。夫唯不盈，故能蔽不新成。

歸根第十六

至虛極，守靜篤。萬物並作，吾以觀其復。夫物芸芸，各復歸其根。歸根曰靜，是謂復命。復命曰常，知常曰明。不知常，妄作兇。知常容，容乃公，公乃王，王乃天，天乃道，道乃久，沒身不殆。

上篇《道經》

河上公章句第二卷

淳風第十七

太上，下知有之；其次，親而譽之；其次，畏之；其次，侮之。信不足焉，有不信焉。猶兮其貴言。功成事遂，百姓皆謂我自然。

俗薄第十八

大道廢，有仁義；智慧出，有大僞；六親不和，有孝慈；國家昏亂，有忠臣。

還淳第十九

絕聖棄智，民利百倍；絕仁棄義，民復孝慈；絕巧棄利，盜賊無有。此三者，以爲文不足。故令有所屬：見素抱樸，少私寡欲。

異俗第二十

絕學無憂。唯之與阿，相去幾何？善之與惡，相去若何？人之所畏，不可不畏。荒兮其未央哉！眾人熙熙，如享太牢，如春登臺。我獨泊兮其未兆，如嬰兒之未孩，儽儽兮若無所歸。眾人皆有餘，而我獨若遺。我愚人之心也哉！沌沌兮！俗人昭昭，我獨若昏。俗人察察，我獨悶悶。忽兮若海，飂兮若無所止。眾人皆有以，而我獨頑似鄙。我獨異於人，而貴食母。

虛心第二十一

孔德之容，惟道是從。道之爲物，惟恍惟忽。忽兮恍兮，其中有象。恍兮忽兮，其中有物。窈兮冥兮，其中有精。其精甚真，其中有信。自古及今，其名不去，以閱眾甫。吾何以知眾甫之狀哉？以此。

益謙第二十二

曲則全，枉則直，窪則盈，弊則新，少則得，多則惑。是以聖人抱一爲天下式。不自見，故明；不自是，故彰；不自伐，故有功；不自矜，故長。夫唯不爭，故天下莫能與之爭。古之所謂“曲則全”者，豈虛言哉！誠全而歸之。

虛無第二十三

希言自然。飄風不終朝，驟雨不終日。孰爲此者？天地。天地尚不能久，而況於人乎？故從事於道者，道者同於道；德者同於德；失者同於失。同於道者，道亦樂得之；同於德者，德亦樂得之；同於失者，失亦樂得之；信不足焉，有不信焉。

苦恩第二十四

跂者不立，跨者不行；自見者，不明；自是者，不彰；自伐者，無功；自矜者，不長。其於道也，曰：餘食贅行。物或惡之，故有道者不處。

象元第二十五

有物混成，先天地生。寂兮寥兮，獨立而不改，周行而不殆，可以爲天下母。吾不知其名，字之曰道，強爲之名曰大。大曰逝，逝曰遠，遠曰反。故道大，天大，地大，王亦大。域中有四大，而王居其一焉。人法地，地法天，天法道，道法自然。

重德第二十六

重爲輕根，靜爲躁君。是以聖人終日行，不離輜重。雖有榮觀，燕處超然。奈何萬乘之主，而以身輕天下？輕則失臣，躁則失君。

巧用第二十七

善行無轍跡；善言無瑕謫；善數不用籌策；善閉無關鍵而不可開；善結無繩約而不可解。是以聖人常善救人，故無棄人；常善救物，故無棄物。是謂襲明。故善人者，不善人之師；不善人者，善人之資。不貴其師，不愛其資，雖智大迷。是謂要妙。

反樸第二十八

知其雄，守其雌，爲天下谿。爲天下谿，常德不離，復歸於嬰兒。知其白，守其黑，爲天下式。爲天下式，常德不忒，復歸於無極。知其榮，守其辱，爲天下谷。爲天下谷，常德乃足，復歸於樸。樸散則爲器，聖人用之則爲官長。故大製不割。

無爲第二十九

將欲取天下而爲之，吾見其不得已。天下神器，不可爲也，爲者敗之，執者失之。故物或行或隨，或呴或吹；或強或羸，或挫或隳。是以聖人去甚，去奢，去泰。

儉武第三十

以道佐人主者，不以兵強天下，其事好還。師之所處，荊棘生焉。大軍之後，必有兇年。善者果而已，不敢以取強。果而勿矜，果而勿伐，果而勿驕，果而不得已，果而勿強。物壯則老，是謂不道，不道早已。

偃武第三十一

夫佳兵者，不祥之器，物或惡之，故有道者不處。君子居則貴左，用兵則貴右。兵者，不祥之器，非君子之器，不得已而用之，恬淡爲上。勝而不美，而美之者，是樂殺人。夫樂殺人者，則不可以得誌於天下矣。吉事尚左，兇事尚右。偏將軍居左，上將軍居右。言以喪禮處之。殺人之衆，以哀悲泣之。戰勝，以喪禮處之。

聖德第三十二

道常無名，樸雖小，天下不敢臣。侯王若能守之，萬物將自賓。天地相合，以降甘露，民莫之令而自均。始製有名，名亦既有，夫亦將知止。知止，可以不殆。譬道之在天下，猶川谷之與江海。

辯德第三十三

知人者智，自知者明。勝人者有力，自勝者強。知足者富。強行者有誌。不失其所者久。死而不亡者壽。

任成第三十四

大道氾兮，其可左右。萬物恃之而生，而不辭。功成不名有。衣養萬物而不爲主。常無欲，可名於小。萬物歸焉而不爲主，可名爲大。是以聖人終不爲大，故能成其大。

仁德第三十五

執大象，天下往。往而不害，安平太。樂與餌，過客止。道之出口，淡乎其無味，視之不足見，聽之不足聞，用之不足既。

微明第三十六

將欲噏之，必固張之；將欲弱之，必固強之；將欲廢之，必固興之；將欲奪之，必固與之；是謂微明。柔弱勝剛強。

魚不可脫於淵，國之利器不可以示人。

爲政第三十七

道常無爲，而無不爲。侯王若能守之，萬物將自化。化而欲作，吾將鎮之以無名之樸。無名之樸，夫亦將無欲。不欲以靜，天下將自定。

下篇《德經》

河上公章句第 三卷

論德第三十八

上德不德，是以有德。下德不失德，是以無德。上德無爲，而無以爲。下德爲之，而有以爲。上仁爲之，而無以爲；上義爲之，而有以爲。上禮爲之，而莫之應，則攘臂而扔之。故失道而後德，失德而後仁，失仁而後義，失義而後禮。夫禮者，忠信之薄，而亂之首。前識者，道之華，而愚之始。是以大丈夫處其厚，不居其薄；處其實，不居其華。故去彼取此。

法本第三十九

昔之得一者，天得一以清；地得一以寧；神得一以靈；谷得一以盈；萬物得一以生；侯王得一以爲天下貞。其致之，天無以清將恐裂；地無以寧將恐發；神無以靈將恐歇；谷無以盈將恐竭；萬物無以生將恐滅；侯王無以貴高將恐蹶。故貴以賤爲本，高以下爲基。是以侯王自謂孤、寡、不穀。此非以賤爲本耶？非乎！故致數輿無車。不欲琭琭如玉，珞珞如石。

去用第四十

反者道之動，弱者道之用。天下萬物生於有，有生於無。

同異第四十一

上士聞道，勤而行之；中士聞道，若存若亡；下士聞道，大笑之。不笑，不足以爲道。故建言有之：明道若昧；進道若退；夷道若類。上德若谷；大白若辱；廣德若不足；建德若偷；質真若渝。大方無隅；大器晚成；大音希聲；大象無形；道隱無名。夫唯道，善貸且成。

道化第四十二

道生一，一生二，二生三，三生萬物。萬物負陰而抱陽，沖氣以爲和。人之所惡，唯孤、寡、不轂，而王公以爲稱。故物或損之而益，或益之而損。人之所教，我亦教之。強梁者，不得其死，吾將以爲教父。

遍用第四十三

天下之至柔，馳騁天下之至堅。無有入無間，吾是以知無爲之有益。不言之教，無爲之益，天下希及之。

立戒第四十四

名與身孰親？身與貨孰多？得與亡孰病？甚愛必大費；多藏必厚亡。知足不辱，知止不殆，可以長久。

洪德第四十五

大成若缺，其用不弊。大盈若沖，其用不窮。大直若屈，大巧若拙，大辯若訥。躁勝寒，靜勝熱。清靜爲天下正。

儉欲第四十六

天下有道，卻走馬以糞，天下無道，戎馬生於郊。罪莫大於可欲，禍莫大於不知足；咎莫大於欲得。故知足之足，常足矣。

鑒遠第四十七

不出戶，知天下；不窺牖，見天道。其出彌遠，其知彌少。是以聖人不行而知，不見而名，無爲而成。

忘知第四十八

爲學日益，爲道日損，損之又損，以至於無爲。無爲而無不爲。取天下常以無事，及其有事，不足以取天下。

任德第四十九

聖人無常心，以百姓心爲心。善者吾善之，不善者吾亦善之，德善。信者吾信之，不信者吾亦信之，德信。聖人在天下歙歙，爲天下渾其心，百姓皆註其耳目，聖人皆孩之。

貴生第五十

出生入死。生之徒十有三；死之徒十有三；人之生動之於死地十有三。夫何故？以其生生之厚。蓋聞善攝生者，陸行不遇兕虎，入軍不被甲兵。兕無所投其角，虎無所措其爪，兵無所容其刃。夫何故？以其無死地。

養德第五十一

道生之，德畜之，物形之，勢成之。是以萬物莫不尊道而貴德。道之尊，德之貴，夫莫之命而常自然。故道生之，德畜之，長之育之，亭之毒之，養之覆之。生而不有，爲而不恃，長而不宰，是謂玄德。

歸元第五十二

天下有始，以爲天下母。既得其母，復知其子；既知其子，復守其母，沒身不殆。塞其兑，閉其門，終身不勤。開其兑，濟其事，終身不救。見小曰明，守柔曰強。用其光，復歸其明，無遺身殃，是爲習常。

益證第五十三

使我介然有知，行於大道，唯施是畏。大道甚夷，而民好徑。朝甚除，田甚蕪，倉甚虛；服文綵，帶利劍，厭飲食，財貨有餘。是謂盜誇。非道也哉！

修觀第五十四

善建者不拔，善抱者不脫，子孫祭祀不輟。脩之於身，其德乃真；脩之於家，其德乃餘；脩之於鄉，其德乃長；脩之於國，其德乃豐；脩之於天下，其德乃普。故以身觀身，以家觀家，以鄉觀鄉，以國觀國，以天下觀天下。吾何以知天下之然哉？以此。

玄符第五十五

含德之厚，比於赤子。毒蟲不螫，猛獸不據，攫鳥不搏。骨弱筋柔而握固，未知牝牡之合而朘作，精之至也。終日號而不嗄，和之至也。知和曰常，知常曰明。益生曰祥，心使氣曰強。物壯則老，謂之不道，不道早已。

玄德第五十六

知者不言，言者不知。塞其兌，閉其門，挫其銳，解其紛，和其光，同其塵，是謂玄同。故不可得而親，亦不可得而疏；不可得而利，亦不可得而害；不可得而貴，亦不可得而賤。故爲天下貴。

淳風第五十七

以正治國，以奇用兵，以無事取天下。吾何以知其然哉？以此：天下多忌諱，而民彌貧；民多利器，國家滋昏；人多伎巧，奇物滋起；法令滋彰，盜賊多有。故聖人云：我無爲而民自化；我好靜而民自正；我無事而民自富；我無欲而民自樸。

順化第五十八

其政悶悶，其民醇醇；其政察察，其民缺缺。禍兮，福之所倚。福兮，禍之所伏。孰知其極？其無正。正復爲奇，善復爲妖。人之迷，其日固久。是以聖人方而不割，廉而不劌，直而不肆，光而不曜。

守道第五十九

治人事天，莫若嗇。夫唯嗇，是謂早服；早服，謂之重積德；重積德，則無不克；無不克，則莫知其極；莫知其極，可以有國；有國之母，可以長久。是謂深根固柢，長生久視之道。

下篇《德經》

河上公章句第四卷

居位第六十

治大國若烹小鮮。以道蒞天下，其鬼不神；非其鬼不神，其神不傷人；非其神不傷人，聖人亦不傷人。夫兩不相傷，故德交歸焉。

謙德第六十一

大國者下流，天下之交，天下之牝。牝常以靜勝牡，以靜爲下。故大國以下小國，則取小國；小國以下大國，則取大國。故或下以取，或下而取。大國不過欲兼畜人，小國不過欲入事人。夫兩者各得其所欲，大者宜爲下。

爲道第六十二

道者，萬物之奧，善人之寶，不善人之所保。美言可以市，尊行可以加人。人之不善，何棄之有？故立天子，置三公，雖有拱璧以先駟馬，不如坐進此道。古之所以貴此道者何？不曰求以得，有罪以免耶，故爲天下貴。

恩始第六十三

爲無爲，事無事，味無味。大小多少，報怨以德。圖難於其易，爲大於其細；天下難事，必作於易；天下大事，必作於細。是以聖人終不爲大，故能成其大。夫輕諾必寡信，多易必多難。是以聖人猶難之，故終無難。

守微第六十四

其安易持，其未兆易謀；其脆易泮，其微易散。爲之於未有，治之於未亂。合抱之木，生於毫末；九層之臺，起於累土；千里之行，始於足下。爲者敗之，執者失之。聖人無爲，故無敗；無執，故無失。民之從事，常於幾成而敗之。慎終如始，則無敗事。是以聖人欲不欲，不貴難得之貨；學不學，復眾人之所過，以輔萬物之自然，而不敢爲。

淳德第六十五

古之善爲道者，非以明民，將以愚之。民之難治，以其智多。以智治國，國之賊；不以智治國，國之福。知此兩者亦楷式。常知楷式，是謂玄德。玄德深矣，遠矣，與物反矣，然後乃至大順。

後己第六十六

江海所以能爲百谷王者，以其善下之，故能爲百谷王。是是以欲上民，必以言下之；欲先民，必以身後之。是以聖人處上而民不重，處前而民不害。是以天下樂推而不厭。以其不爭，故天下莫能與之爭。

三寶第六十七

天下皆謂我大，似不肖。夫唯大，故似不肖。若肖久矣，其細也夫。我有三寶，持而保之。一曰慈，二曰儉，三曰不敢爲天下先。慈，故能勇；儉，故能廣；不敢爲天下先，故能成器長。今舍慈且勇，舍儉且廣，舍後且先，死矣。夫慈，以戰則勝，以守則固。天將救之，以慈衛之。

配天第六十八

善爲士者不武，善戰者不怒，善勝敵者不與，善用人者爲之下。是謂不爭之德，是謂用人之力，是謂配天，古之極。

玄用第六十九

用兵有言，吾不敢爲主，而爲客，不敢進寸而退尺。是謂行無行，攘無臂，扔無敵，執無兵。禍莫大於輕敵，輕敵幾喪吾寶。故抗兵相加，哀者勝矣。

知難第七十

吾言甚易知，甚易行。天下莫能知，莫能行。言有宗，事有君。夫唯無知，是以不我知。知我者希，則我者貴。是以聖人被褐懷玉。

知病第七十一

知不知，上；不知知，病。夫唯病病，是以不病。聖人不病，以其病病。是以不病。

愛己第七十二

民不畏威，大威至矣。無狹其所居，無厭其所生。夫唯不厭，是以不厭。是以聖人自知不自見；自愛不自貴。故去彼取此。

任爲第七十三

勇於敢則殺，勇於不敢則活。此兩者，或利或害。天之所惡，孰知其故？是以聖人猶難之。天之道，不爭而善勝，不言而善應，不召而自來，繟然而善謀。天網恢恢，疏而不失。

製惑第七十四

民不畏死，奈何以死懼之？若使民常畏死，而爲奇者，吾得執而殺之，孰敢？常有司殺者。夫代司殺者，是謂代大匠斲。夫代大匠斲者，希有不傷手者矣。

貪損第七十五

民之饑，以其上食稅之多，是以饑。民之難治，以其上之有爲，是以難治。民之輕死，以其求生之厚，是以輕死。夫唯無以生爲者，是賢於貴生。

戒強第七十六

人之生也柔弱，其死也堅強。萬物草木之生也柔脆，其死也枯槁。故堅強者死之徒，柔弱者生之徒。是以兵強則不勝，木強則兵。強大處下，柔弱處上。

天道第七十七

天之道，其猶張弓乎？高者抑之，下者舉之；有餘者損之，不足者補之。天之道，損有餘而補不足。人之道則不然，損不足以奉有餘。孰能有餘以奉天下？唯有道者。是以聖人爲而不恃，功成而不處，其不欲見賢。

任信第七十八

天下柔弱莫過於水，而攻堅強者，莫之能勝，其無以易之。弱之勝強，柔之勝剛；天下莫不知，莫能行。是以聖人云：受國之垢，是謂社稷主；受國之不祥，是爲天下王。正言若反。

任契第七十九

和大怨，必有餘怨，安可以爲善？是以聖人執左契，而不責於人。有德司契，無德司徹。天道無親，常與善人。

獨立第八十

小國寡民。使有什伯之器而不用；使民重死而不遠徙。雖有舟輿，無所乘之；雖有甲兵，無所陳之。使民復結繩而用之。甘其食，美其服，安其居，樂其俗。鄰國相望，雞犬之聲相聞，民至老死不相往來。

顯質第八十一

信言不美，美言不信。善者不辯，辯者不善。知者不博，博者不知。聖人不積，既以爲人己愈有，既以與人己愈多。天之道，利而不害；聖人之道，爲而不爭。